D1662516

Nahlie Samson

Jessica Charbonneau

1

Comment se débarrasser d'une crotte de nez ? Sans avoir à la manger !

AHHH !

Victor et Anaïs

Droits et permissions : Les éditions Victor et Anaïs
9, av. de Gironde, Candiac, Québec, CANADA J5R 3V7
Tél. : +1 514 572-6117
info@victoretanais.com

Texte : Nahlie Samson
Révision linguistique : Josée Paquet et Marc-André Rhéaume
Révision d'épreuves : Marie Noelle Marineau
Illustration de la couverture : Jessica Charbonneau
Illustrations intérieures : Jessica Charbonneau
Conception graphique de la couverture : Studio Créatick inc.
Graphisme et mise en page : Studio Créatick inc.

Commercialisation en Europe:

Les Éditions Bande à Part
191 chaussée de Gilly- 6043 Ransart - Belgique
site : www.editions-bap.com / E-mail : editionsbap@gmail.com

Première édition - Dépôt légal : Juin 2023 - D/2023/13.227/4 - ISBN : 978-2-930746-45-6

Imprimé en Eu

À l'exemple d'un mode d'emploi, cette petite histoire explique aux enfants, de façon illustrée et ludique, ce qui est attendu d'eux et pourquoi.

Parce qu'une image vaut mille mots et que trouver les mots justes n'est pas toujours un jeu d'enfant, bonne lecture !

Nahlie Samson & Jessica Charbonneau

Tu peux t'en débarrasser en la mettant sous une table ou ailleurs, sans être vu.

L'essuyer rapidement sur la manche de ton chandail.

La rouler entre tes doigts pour la laisser tomber au sol.

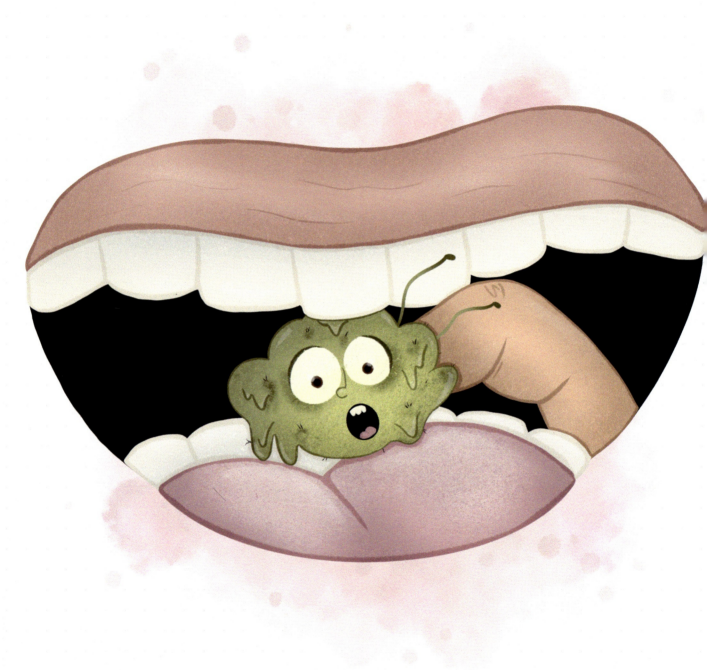

Ou la manger subtilement.

Il y a toutes sortes de façons
de se débarrasser d'une crotte
de nez !

Les crottes de nez vivent bien au chaud à l'intérieur de ton nez.

Ton nez, à l'aide de ses poils (oui, oui, tu as des poils de nez), retient les déchets que tu respires. Et ces déchets sont les crottes de nez.

C'est un peu dégueu... quand même !

Parfois, une crotte de nez peut te déranger et tu peux fouiller dans ton nez pour la déloger.

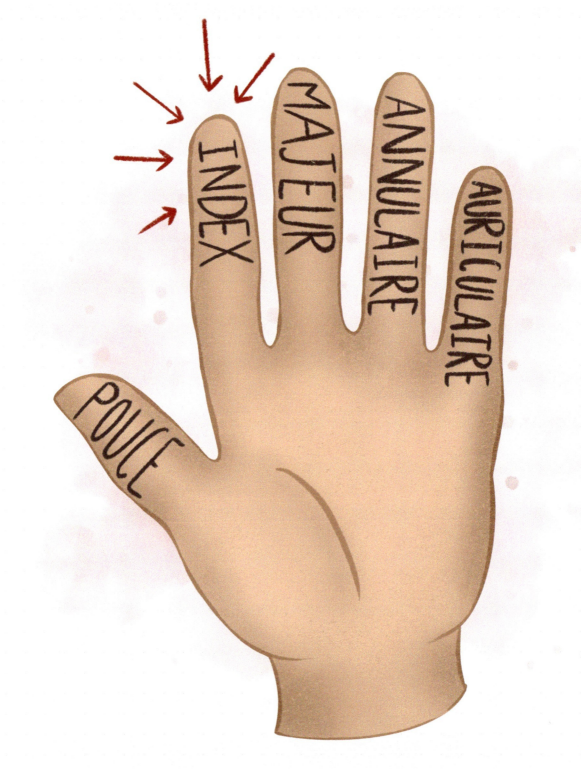

Pour l'enlever, tu dois inévitablement te mettre le doigt dans le nez.

De tous les doigts, on sait tous que c'est l'index le meilleur !

Attention ! On dit que ton doigt pourrait rester pris dans ton nez si tu le pousses trop loin. Mais non, c'est faux !

Tu peux en trouver des vertes ou des grises, des molles ou des croustillantes.

Tu peux même en trouver des collantes !

Mais, peu importe leur couleur ou leur texture, elles sont toujours salées.

En tout cas, c'est ce qu'on dit, mais moi je n'y ai jamais goûté !

Les crottes de nez peuvent porter différents noms... Ça reste quand même des crottes de nez !

Mucus, sécrétions nasales, morve...

À certains moments, tu auras plus de crottes de nez : en hiver, si tu as des allergies, ou lorsque tu es malade.

Bien que tu trouves peut-être délicieux de manger tes crottes de nez, pour la plupart des gens, c'est plutôt répugnant !

N'oublie pas, elles sont faites de saletés...

C'est pourquoi, si quelqu'un te surprend à le faire, il te dira d'arrêter ou pourrait se moquer de toi.

Alors, la prochaine fois qu'une crotte de nez te dérangera, colle-la plutôt dans un mouchoir !